Saad Ait Yahia

Qui suis-je ?

Saad Ait Yahia

Qui suis-je ?

Éditions Muse

Imprint
Any brand names and product names mentioned in this book are subject to trademark, brand or patent protection and are trademarks or registered trademarks of their respective holders. The use of brand names, product names, common names, trade names, product descriptions etc. even without a particular marking in this work is in no way to be construed to mean that such names may be regarded as unrestricted in respect of trademark and brand protection legislation and could thus be used by anyone.

Cover image: www.ingimage.com

Publisher:
Éditions Muse
is a trademark of
Dodo Books Indian Ocean Ltd. and OmniScriptum S.R.L publishing group

120 High Road, East Finchley, London, N2 9ED, United Kingdom
Str. Armeneasca 28/1, office 1, Chisinau MD-2012, Republic of Moldova, Europe
Printed at: see last page
ISBN: 978-620-4-96482-9

Qui suis-je ?

Saad AIT YAHIA

Si j'avais su tout ce qui allait se passer ensuite, j'aurais tout fait différemment, je serais resté caché, inconnu. Mais je ne suis plus anonyme, je suis l'un des hackers les plus recherchés au monde. Ils me disent qui es-tu ? Je m'appelle Alan et voici mon histoire.

Quand tout a commencé

***

L'horloge indique quatre heures du matin. Alors que j'étais assis dans la salle d'interrogatoire, j'ai entendu une conversation à l'extérieur :

- "Nous l'avons trouvé il y a environ une heure." L'enquêteur a informé le chef du renseignement. "Il prétend être 'qui-je-suis'. Il pense qu'il peut faire venir M. X et sa bande d'amis." Puis il lui chuchota à voix basse : « Il ne veut parler qu'avec toi ».

Au bout de quelques minutes, je me suis retrouvé devant le chef du renseignement. Elle avait l'air en colère. La première chose avec laquelle a commencé était :

- "Es-tu 'qui-suis-je' ?". Puis elle continua, en changeant le ton de sa voix. "Il y a une raison pour laquelle tu es là, et c'est une raison pour laquelle je suis ici. Alors ?"

***

Tout est lié d'une manière ou d'une autre, tout ce qui a un début a une fin, c'est un mélange de tout et j'étais au milieu de tout ça. J'ai toujours voulu être un super-héros avec des super pouvoirs, je voulais faire des choses que les autres pensaient impossibles. En fait, j'avais des supers pouvoirs, sauf que j'étais invisible, et j'avais en fait un costume de super-héros, le costume du vendeur de pizza. Chaque héros a besoin d'une histoire de famille malheureuse, les parents de Spider-Man sont tous les deux morts, les parents de Batman ont été tués, les parents d'Iron Man ont explosé avec la planète. En fait, j'ai vécu les meilleures histoires. Mon père a fui en France juste après ma naissance et je ne l'ai jamais rencontré.

Quelque chose que je partage avec ma grand-mère, son père est mort pendant la Seconde Guerre mondiale, et le seul souvenir qu'elle a de lui n'est que trois douilles de balle dans une cartouche que lui a apportée un ami de Russie. Ma mère s'est suicidée quand j'avais huit ans. Les meilleurs ingrédients pour un super-héros, ma grand-mère a pris soin de moi, et plus tard j'ai pris soin d'elle.

***

- *"Je ne suis pas ton psychiatre." La présidente a interrompu mes paroles. "Je ne suis pas intéressée par ton traumatisme. Que sais-tu de Clay ? Qu'est-ce qu'ils ont à voir avec Friends ?"*

***

- Tu sauras tous, mais chaque minute compte. Le piratage est comme la magie, les deux s'appuient sur le fait d'induire les autres en erreur. Depuis l'âge de 14 ans, j'ai passé la plupart de mon temps devant un ordinateur, à apprendre des langages de programmation et à pirater mes systèmes primitifs. Un monde de possibilités illimitées, c'était la première fois que j'avais l'impression d'être bon à quelque chose. Dans le monde réel, j'étais un perdant, un étranger, un cinglé, mais sur le Web, j'avais l'impression d'y appartenir. Une évasion pour des gens comme moi, alors que tout le monde perdait son temps sur le fameux Internet, un réseau similaire à Internet, sauf que les adresses IP ne sont pas partagées. Nous nous rencontrions sur le darknet, le dark-web d'internet. Là-bas, je pouvais être qui je voulais. J'ai passé des jours et des nuits sur l'ordinateur, puis j'ai dormi dans le monde réel, j'étais alors un idiot. L'idée m'est venue de mon modèle. Il y a beaucoup de hackers créatifs, mais un héros pour moi était l'un d'entre eux, en fait je pense qu'ils sont un raccourci pour M. Anonyme ou M. X. Il est sorti de nulle part et personne ne savait sa vérité, mais il est apparu dans tous les systèmes, c'était une vraie star, l'une de ses opérations les plus célèbres a été le piratage d'un site social. Avant cela, il ne définissait rien ni personne comme cible spécifique, il était le super héros parmi tous les pirates, et je voulais être comme lui. Il avait une façon particulière de se procurer du Ritalin, le tonique des pirates, en trompant les pharmacies. M. X avait trois règles ; La première : Aucun système n'est assuré contre nous. Deuxièmement : que votre objectif est impossible. Troisièmement : Pour vous amuser dans le monde électronique et réel, en d'autres termes, ne limitez pas votre plaisir au seul monde virtuel. Mais la vraie raison de choisir tout ce qui précède, et pourquoi tout cela s'est produit, était Paulina.

La raison

Un jour, je suis allé à la bibliothèque, comme d'habitude, et j'ai rencontré par hasard Paulina avec ses amis qui révisaient leurs examens. J'ai marché, en essayant de ne pas attirer l'attention. Mais Karl, un des amis de Paulina m'a repéré et m'a appelé :

- Toi là ! Tes parents ne t'ont pas appris à dire bonjour ?

Soudain, je me suis arrêté et mon cœur s'est mis à battre plus vite. A ce moment, tout le monde se tourna vers moi, alors que Karl continua son geste méchant en ajoutant :

- Quel type de personne es-tu ? Vous n'êtes pas doué pour le respect des gens ? Dis bonjour au moins.

De honte, le bonjour se fit sorti difficilement de ma bouche, et tandis que je tournais la tête, mon regard tomba directement dans les yeux de Paulina.

Pendant mes études, je suis tombé amoureux de Paulina, mais qui s'occupait d'un garçon qui était toujours silencieuse, et pas doué pour parler aux filles. Karl n'était pas satisfait de cela après avoir réalisé le long regard dans les yeux de Paulina. Il se tourna vers elle et lui prit la main. Le pauvre, il s'est mis dans une position tellement inconfortable que Paulina lâcha sa main et vint vers moi. Chaque pas qu'elle faisait vers ma direction augmentait mon rythme cardiaque, jusqu'à ce qu'elle s'approcha de moi et me murmura à l'oreille :

- « Je sais que tu es quelqu'un de bien, ne t'inquiète pas pour cet idiot. Tout ce que vous avez à faire pour moi, c'est de trouver les questions de l'examen, je vous en serai reconnaissant. »

Chaque mot qu'elle m'a chuchoté à l'oreille, je pouvais encore le sentir, et parce que je l'aimais, je ne pouvais pas refuser sa demande, alors je lui ai répondu :

-« Le monde n'a pas besoin d'un sauveur, mais j'entends des appels tous les jours. »

Paulina était étonnée, et une expression interrogative s'est apparue sur son visage, alors j'ai ajouté :

-« C'est un dicton d'Iron Man. »

Puis elle m'a tapoté l'épaule et a quitté la scène, au même temps, j'ai aussi parti en laissant Karl comme une plaisanterie devant ses amis.

C'est alors que j'ai finalement voulu être un héros, Paulina avait un problème, et je pouvais le résoudre. Je devais juste lui apporter les questions de l'examen, et elle se souviendrait de moi et tomberait amoureuse de moi, puis nous nous marierions et aurions des enfants, et nous vivrions heureux pour toujours, super.

Les questions d'examen seraient stockées sur le serveur central de l'université, tout ce dont j'avais besoin était de me connecter, et c'était très simple. La plupart des pirates seraient passés inaperçus, en jetant un coup d'œil au système sans bouger le petit doigt, d'autres laisseraient leur marque et beaucoup emporteraient des souvenirs avec eux. J'ai été Iron Man, Spider-Man, Batman, un véritable super-héros. Soudain, tout s'est effondré. J'ai été stupide.

Nouveau contact

L'agent de sécurité m'a retrouvé et m'a dénoncé à la police. A ce temps, j'ai été traduit devant le tribunal. Alors que le juge me jugea en disant :

- "Pas de vols, pas de casier judiciaire. Douze heures de travail social pendant 50 jours. Donnez un sens à votre vie, c'est à vous de décider."

Les cinquante heures ont été de nettoyer les quartiers de la ville, pour moi ce n'était pas fatiguant, ça ne pouvait pas empirer. Même le Ritalin ne montrait plus son effet. Mais tout va changer en quelques instants.

- « Et toi ? Pourquoi es-tu là ? ». Un des punisseurs s'est adressé à moi.

Il semblait accro à la cigarette, alors j'ai décidé de refuser à répondre, j'ai gardé le silence, ce qui a enflammé sa colère, puis il s'est mis à me crier dessus en disant :

- « Tu ne peux pas parler ou quoi ? Alors ne parle pas. Laisse-moi deviner, tu fais partie de ces salauds qui pensent que la vie est injuste avec eux, qui pensent qu'ils ne sont que des passants, invisibles comme le reste de la société. À l'école, aucun méchant n'a te frappé parce que personne ne s'en souciait à toi. C'est vraiment mauvais, tu sais ce que je pense ? Tu es juste un stupide. »

Ses expressions méchantes ne me montraient rien de bon, alors j'ai décidé de lui répondre avec hésitation :

- « Des trucs d'informatique, et toi ? »

A l'instant, son visage s'est tourné en expressions d'étonnement, puis il s'est approché de moi d'un pas lourd et m'a répondu :

- "Ça et ça. Quel genre de chose ? Attaques par déni de service ? Un bot ? Phishing ? Ou es-tu juste un écrivain des scripts enfantins ?"

- « J'ai piraté le serveur central de l'université ».

Dès que j'ai répondu, une expression d'inquiétude s'est apparue sur ses traits, alors il a posé sa main sur mon épaule, et me demanda avec étonnement :

- « Comment avez-vous trouvé l'entrée ?»

Et ma réponse a été :

- « Exploitation des faiblesses des logiciels et les failles de sécurité, en utilisant la méthode d'attaque sans attendre. »

Ma réponse l'a distrait, puis il a attrapé sa cigarette et l'a jetée par terre, tout en la posant son pied au-dessus, il m'a redemandé :

- « Peux-tu lire les langages machines ? Avec cette simplicité ? ».

Je lui affirmai avec ma tête que oui. Après, il m'a présenté à lui-même, il s'appelait Max, je lui ai serré la main, et je me suis présenté en suite. Puis il m'a proposé de participer à une rave party ce soir. J'ai accepté d'y aller et je me suis dirigé à l'endroit où se tiendrait la fête. C'était une très tarde nuit.

Suis-je capable ?

Je n'arrêtais pas de me demander s'il y avait un moment où toutes les ficelles se seront effondrées, ce moment ou tout sera changé. C'était une fête bruyante, avec seulement des psychopathes présents, dansant comme des fous, buvant de l'alcool et fumant des cigarettes, garçon et filles. J'étais au milieu d'eux comme un vagabond dans une grande forêt. Jusqu'à ce que je me retourne brusquement, pour trouver Paulina avec Karl dans un état de joie ivre. Je la regardais constamment, jusqu'à ce qu'elle se tourna vers moi, alors je m'écartai rapidement pour ma présence ne soit pas marquée. Au bout d'un moment, Max s'est jeté derrière moi afin de m'effrayer, mais je n'étais pas là. Après, il m'a dit avec un sourire :

- « Au fur et à mesure que la nuit avance, les invités deviennent ivres. Que pensez-vous de cet humble temple ? »

Je n'ai pas trouvé un mot pour lui répondre, alors je lui ai échangé un sourire d'un sourire blanc sur mon visage, puis il m'a emmené avec lui dans l'une des chambres, et en chemin Max m'a dit :

-« Je ne connais pas la plupart de ces gens, ce sont tous des imbéciles. »

Max était mon contraire, la confiance en soi, le prestige et le succès. Après être arrivés dans la chambre, nous y sommes entrés et Max m'a demandé de fermer la porte. Après l'avoir fermé, j'ai aperçu un beau bureau, qui semble être d'un personnage important. Soudain, Max se mit à parler :

- « Laissez-moi vous présenter ce garçon. »

En un clin d'œil, deux hommes sont sortis de l'obscurité de la pièce avec des visages froncés, et se sont tenus devant moi en colère. L'un d'eux avait une structure ordinaire, mais à première vue, il parait être qualifié de criminel. Alors que l'autre n'est pas moins pire que le premier, il est gros, avec une barbe qui montrait qu'il était le plus grand des deux. Après une minute d'échange des regards, l'un d'eux a tendu la main et je lui ai la serré, puis il s'est présenté, son nom était Stefan, il était un maître du logiciel, il pouvait trouver une faille dans n'importe quelle application, c'était une personne totalement folle, épris de sensations fortes, fou et ainsi de suite. Le deuxième, ce gros, me boudait, il s'appelait Paul, il est obsédé par l'électronique, donne lui un trombone et un tableau vert et il te fera ce que tu voudras. Tout comme moi, sa mère est décédée prématurément et son riche père l'a laissé à l'orphelinat pour qu'il puisse se concentrer sur ses affaires importantes. Cet homme m'a fait peur. Max remarqua mes traits tremblants et me dit :

-« Ne vous inquiétez pas, ses muscles du sourire ont été enlevés depuis sa naissance. »

Paul a demandé :

- « Max a dit que tu sais lire les langages des machines. »

Stéphane a modifié :

- "Les langages des machines ?"

- « N'importe qui peut le dire, mais ce n'est pas facile à prouver. »

Stefan a pointé l'ordinateur et m'a dit :

-« Prouve-le, allez. Ou tu ne t'en sortiras pas vivant, petit ange. ».

Je suis bloqué sur ma place pendant un moment. Max a emporté la chaise, la cita devant l'ordinateur, et me donna le signe de départ. Après leur geste qui parait sérieux, je n'ai eu plus de choix que de mourir ou de prouver mes capacités. Alors je me dirigeai vers la fenêtre, j'ouvris les rideaux, je pris la chaise, et devant l'ordinateur, je commençai à démontrer mes capabilités. Tout en écrivant des symboles sous forme des scripts, j'ai pris le control sur l'ordinateur. Tandis que les trois me regardent avec stupéfaction et étonnement, et tandis que j'utilisais des astuces que j'avais appris dans mon enfance qui me permettaient d'accéder au réseau électrique de la ville, je me suis tourné vers eux avec une grande confiance, alors qu'ils m'ont indiqué de terminer ce que j'avais commencé. Une simple pression sur un bouton a été suffisante pour couper l'électricité dans tout le quartier, en particulier dans cette maison, tel que l'endroit est devenu sombre. Les trois ont été étonnés par ce que j'ai prouvé, et sont allés à la fenêtre pour constater que l'électricité était coupée de toute la maison dans le voisinage. Impressionné par ce que j'ai fait, Paul s'est approché de moi et m'a tapoté l'épaule, puis m'a dit :

- « Maintenant tu es de nous, nous sommes amis. ».

A bientôt

Quelques secondes plus tard, une voiture de police est arrivée devant la maison. A cet instant, je me suis précipité vers l'ordinateur et j'ai rétabli l'électricité à son premier cycle tel qu'elle était. Je pensais que la police venait nous attraper, alors Max m'a assuré :

-« Ne t'inquiète pas, ce n'est pas nous ».

J'ai commencé à le regarder avec étonnement, parce que c'était sa maison, donc ça devait être le contraire de ce qu'il voulait dire. Après avoir remarqué mon étonnement, il m'a dit :

- « Quoi ? Tu pensais vraiment que j'habitais ici ? Sortons. ».

J'ai éteint l'ordinateur et nous sommes tous les quatre sortis de la maison ou une foule d'ivrognes se trouvaient, pendant que la police cherchait quelqu'un, Stefan a cassé la fenêtre et est sorti avec Paul, j'étais en route pour les rattraper, mais j'ai revu Paulina par hasard. Nous avons échangé de longs regards, jusqu'à ce que Max nous remarqua et me demanda si je la connaissais. La police était proche de nous, Max en profita et pointa sa main vers l'un des jeunes hommes, et cria :

- « Ce garçon est le propriétaire de la fête. ».

Ensuite, la police est allée vers ce garçon et l'a attrapé, tandis que Max et Paulina se sont enfuis, puis je les suivis. Sur notre chemin, une autre voiture de police est arrivée, Stefan a commencé à provoquer la police avec divers mouvements, ce qui les a poussés à nous suivre. Nous avons continué à courir constamment sans regarder en arrière, jusqu'à ce que nous parvenions à nous échapper et à tromper la police. Puis Paulina s'est arrêtée de courir après qu'elle n'ait pas pu suivre et a crié :

- « Je n'en peux plus, je ne peux plus courir. ».

Max lui a répondis :

- "Bon, on se revoit à plus tard."

Puis il acheva son chemin, lui et ses compagnons, qui me tapotèrent l'épaule, puis s'en allèrent. Alors que je suis resté seul, face à face devant elle. Elle commençait à essayer de deviner mes traits, puis elle m'a dit :

-« Maintenant je me souviens de toi, tu es Alan. Notre professeur t'a oublié et tu as dû prendre le train pour rentrer. ».

Puis j'ai hoché la tête pour dire oui, en disant : « C'était excitant, la soirée. Au revoir. ». Elle ne m'a pas regardé, puis s'est vite retournée et est partie rapidement, tandis que j'ai resté debout, désespéré, seul, au milieu de la rue déserte, et j'ai chuchoté de ma voix craintive : « A bientôt ». Puis j'ai pris le chemin inverse vers la maison de ma grand-mère.

Un ami parfait

Après mon arrivée, j'ai trouvé la porte de la maison ouverte, je me suis précipité à l'intérieur, puis j'ai commencé à chercher ma grand-mère partout, mais elle n'était pas là. Je n'avais pas d'autre choix que de sortir et de la chercher. Alors que j'inspectais toutes les ruelles et tous les quartiers, jusqu'à ce que j'ai la trouvé marchant lentement dans une intersection des voitures. J'ai couru vers elle, je lui ai attrapé la main et je l'ai accompagné à la maison. Je savais que ce jour-là viendrait. J'ai donc décidé de l'emmener chez le médecin, qui à son tour m'a dit :

-« Ta grand-mère avait besoin d'un aide professionnelle, nous devons la garder sous nos soins à l'hôpital, elle sera entre de bonnes mains. ».

Il y a quatre ans, ma grand-mère a été diagnostiquée avec la maladie d'Alzheimer, et depuis cela, une gomme invisible efface ses souvenirs.

Puis j'ai pris le train pour retourner à la maison, et soudain Max est apparu brusquement, vêtu de noir, puis m'a dit d'un ton sarcastique :

- « Je pensais que la police t'avait attrapé. Ce n'était pas une bonne idée la première semaine après la libération. ».

Je me fichais de ce qu'il disait, puis je me tournai pour regarder à travers la fenêtre du train. Max a été surpris que je l'aie ignoré, puis a demandé si quelque chose n'allait pas bien. Je suis resté silencieux, chaque fois que je rappelais que je serais seul après ma grand-mère, je ne pouvais pas retenir les gouttes de mes larmes, alors je lui lançais des regards pleins de colère, mais il s'en souciait pas, alors il me prit par les bras et m'a dit qu'il voulait me montrer quelque chose. Je n'ai pas pu résister à sa force, même si j'aurais dû rester assis, mais ce qui nous tenait ensemble était comme un pont invisible qui nous reliait, et puis je l'ai accompagné. En chemin, je lui ai demandé :

- « Comment as-tu commencé le piratage ? ».

Et il m'a répondu :

- « Il y a des gens qui pensent qu'ils sont en sécurité, ils n'ont aucune idée de ce qui se passe, la sécurité... Tout le monde veut la sécurité, la sécurité n'existe pas. Une fois qu'on a compris ça, on a l'impression que le monde nous est présenté sur un plateau d'or, nous n'avons qu'à l'obtenir. ».

Même si nous étions complètement différents, nous avions une chose en commun, alors il termina ses mots : « Premièrement, ne limites pas ton plaisir uniquement dans le monde virtuel, deuxièmement : visez l'impossible ».

Tout ce qu'il a dit était tiré des règles de M. X, et tout à coup nous avons prononcé ensemble et au même moment : « Troisièmement, aucun système n'est sûr ». Ce moment nous étions surpris, puis nous avons dit : "M. X.". C'était la preuve d'un lien fort entre nous, après nous continuons à marcher pendant que Max me donnait des conseils : « Ne vous cachez pas derrière l'ordinateur, M. X le sait déjà. La principale vulnérabilité n'est pas seulement dans les applications ou les serveurs, mais les humains eux-mêmes sont la principale vulnérabilité. ». Je lui ai demandé surpris : « Est-ce que tu pénètres les humains ? ».

Il m'a répondu sans hésitation :

- « Oui exactement, la plus efficace de toutes les méthodes de hacker, c'est le grand art de la tromperie, de l'ingénierie sociale ». Je commence à le regarder avec un point d'exclamation sur le front, et il continua :

-« L'origine des êtres humains est la confiance et l'agence. L'ingénierie sociale utilise ces deux éléments pour que nous puissions obtenir tout ce que nous voulions : mots de passe, informations confidentielles, identifiant des données. ». Puis il s'est approché d'une poubelle et a commencé à chercher jusqu'à ce qu'il trouve une boîte de gâteau contenant une feuille de performance. Puis il s'est tourné vers moi et m'a dit : --« Tu as faim ? ».

Regards et apprends

Je ne me rendais pas compte que la question s'adressait à moi, car à ce moment-là je restais fixe, étonné à ma place, je n'avais jamais connu une personne aussi étrange que Max. Puis il m'a emmené dans une confiserie où ils vendaient comme ce type des gâteaux qu'on a trouvé à la poubelle. Max prit la boîte, sortit ses lunettes, et prononça son mot célèbre : « Regarde et apprends ». En mettant ses lunettes, il entra dans le magasin avec une grande confiance, puis se dirigea vers l'épicerie, sans se soucier à la file d'attente, puis il entama une conversation trompeuse avec l'épicier :

- « Combien de cookies aux pépites de chocolat puis-je obtenir avec ceux-ci ? ». En montrant le papier de performance qu'il tenait en main, tandis que le garçon prit le papier et commença à le vérifier par une lourde charge, après il jeta des regards moqueurs à Max.

-« Un nouveau spectacle ? Dois-je payer 10 et en avoir 8 ? ».

Pourtant, la réponse du garçon était :

-« Pour ceux qui ont du chocolat, ce n'était pas disponible ».

Max a répondu :

-« Alors qu'est-ce qui m'a amené ici ? ».

En même temps que les yeux du garçon changeaient d'expression, Max demanda à nouveau :

-« Qui vous a donné ce papier ? ».

Cette question a choqué Max, qui a paru confus, a resté silencieux pendant quelques secondes. Alors qu'il regardait bien autour de lui, Il apercevait de loin une fille qui semblait novice dans son travail, et tout en pointant son doigt à sa direction :

-« Cette blonde, là-bas. ». Puis le garçon se tourna vers cette fille, et je tournai aussi. Le garçon resta silencieux, j'ai cru un instant que notre affaire était terminée, mais le farceur Max n'a pas laissé le temps à l'épicier de questionner la fille, alors il a pris son discours en disant :

-« Allez, je ne vais pas rester ici toute la nuit, t'as tout un peuple à servir. ». J'étais alors inébranlable à ma place, émerveillé par le comportement de Max, ainsi que le garçon n'avait rien d'autre à faire que de nous offrir deux gâteaux gratuits, puis il bredouillait : « Voilà, bonne nuit».

Max a pris la commande et est sorti sans se tourner vers le magasin, pendant que je l'ai suivi. Après que nous étions sortis, nous avons rencontré un pauvre.

Max n'a eu d'autre choix que de donner la boîte à ce pauvre sans hésitation, je ne savais pas qu'il était tellement généreux. Puis il s'est tourné vers moi en me vouant :

-« Tu dois être assez audacieux, d'ailleurs le monde sera à tes pieds ». Puis il regarda sa montre, la vérifia, puis ajouta : « Il est déjà tard, es-tu prêt ? Allons-y. ».

Un test ou une mission

Tandis qu'il a prononcé ses phrases qui me semblaient étranges, il n'a attendit aucune réponse de ma part, mais avança. J'ai suivi ses pas, puis je lui ai questionné : "Vers où ?". Quand j'ai posé cette question, Max m'a donné signe de s'arrêter, et nous étions debout devant une clôture en fer menottée. Soudain, Max s'est mis à siffler, tandis qu'un coup de sifflet se faisait entendre derrière la clôture. En quelques secondes, Stefan et Paul sont sortis de l'obscurité et nous ont ouvert le couloir. Puis Max est entré pendant que je restais debout, je ne savais pas si c'était une bonne chose de les joindre, j'ai senti que l'eau ne coulera pas facilement. Pendant que j'étais silencieux dans mes pensées, Paul m'a tiré par la main et a remis les menottes en place en fermant bien la clôture.

Après être entrés dans ce couloir, j'ai senti que j'étais le seul imbécile parmi eux, je ne savais pas pourquoi nous étions ici, alors qu'ils savaient que j'étais le stupide parmi eux. Nous avons couru jusqu'à ce que nous arrivions à un parking. J'étais sûr qu'aucun d'entre eux ne possédait aucune voiture, et sans permis de conduire, comment pourraient-ils conduire ? Tout cela était un discours idiot, en fait, qui a besoin d'une licence parmi les pirates. Stefan est allé dans la salle des clés de la voiture, où il a obtenu une clé. Quelle voiture ? Il doit chercher plus loin. Pendant que Stefan vaque à ses occupations, Paul et Max se discutèrent d'une basse voix :

- « Tu n'avais pas à l'amener avec nous, nous ne savons pas s'il était digne de confiance ou non. ». Paul a chuchoté à Max.

-« Tu avais vu ce qu'il pouvait faire, je vous le garantis. ». Max a répondu

Pendant qu'ils se disputaient, Max a réussi à ouvrir une camionnette blanche. Puis il retourna vers Max pour lui remettre les clés. Ce comportement me dégoûtait, alors j'en ai pris une vision négative.

-« Tu peux conduire », Stephan en chuchotant à Max, puis s'est tourné vers moi et m'a dit : « N'en fais pas tout un plat, nous remettrons la voiture à sa place. ».

Cela n'a pris que quelques minutes, nous sommes montés dans le camion. Dès que nous y sommes arrivés, nous nous sommes trouvés devant un bâtiment énorme et étrange. Les trois ont commencé à se préparer pour sortir. Puis Max m'a fait signe de le joindre, ce qui a irrité Paul, qui s'est levé de sa place et a commencé à parler nerveusement :

- « C'est bien de l'amener, mais pourquoi devrait-il venir avec nous, je pensais que j'étais avec toi. Qu'est-ce que vous visez tous les deux ? ».

Max marmonna :

- « Ce n'est pas à ce que j'aspire, mais à ce que nous aspirons. ». Puis il a sorti des vêtements de son sac et me les a donnés en remarqant : « Allez, habille-toi, nous n'avons pas beaucoup de temps. ».

Malgré la réponse de Max, Paul restait toujours en colère :

- « Cela ne faisait pas partie du plan. ».

Les autres ne l'ont pas écouté, au contraire, ils ont continué à changer leurs vêtements et à se coiffer. Quelques minutes plus tard, Stefan est sorti de la voiture et je l'ai suivi, tandis que Max et Paul sont restés à l'intérieur. Max passa la tête par la fenêtre et dit :

-« Je vous souhaite bonne chance tous les deux ». J'ai été surpris qu'il ne soit pas venu avec nous, alors je lui ai demandé la raison, puis il m'a répondu en disant : « Je préfère d'y rester. ». Ensuite, nous sommes allés dans un endroit qui ressemblait au siège d'une association ou d'une organisation gouvernementale allemande. Nous voulions entrer, mais le garde de sécurité se tenait comme une barrière devant nous. Heureusement, Stefan a été préparé avec une fausse carte d'identité, un simple morceau de papier, cinq minutes de Photoshop, deux minutes de dactylographie, n'importe quel idiot peut le faire. Stefan a été autorisé à entrer, tandis que j'étais coincé devant ce géant. J'étais tendue et la peur commençait à monter dans mes articulations, je ne pouvais pas parler. Mais Stefan était un sauveur ingénieux :

-« Sans Evans, collègue de DFA, il est l'un des conférenciers invités ». Stefan en s'intervenant. Alor que j'ai modifié :

-« Je viens du front danois ».

Dès que j'ai dit ce mot, l'agent de sécurité s'est écarté devant moi, en laissant le couloir pour que j'entre. L'endroit était rempli d'une foule de ministres, de généraux, de commandants et de présidents, ce qui nous a incités à improviser davantage jusqu'à ce que nous entrions dans la salle de présentation, où les experts préparaient le lieu pour la réunion.

« Qu'est-ce que cela a à voir avec le piratage ? ». Je demandai à Stefan.

- « L'ordinateur là-bas. Il doit être connecté à un autre réseau wifi, c'est votre tâche. ».

J'aurais aimé de disparaitre que de prendre ce risque. J'ai jeté un coup d'œil attentif à l'ordinateur, il était loin et à la vue de tous, n'importe quel mouvement suspect ou erroné pourrait être mon dernier. Cette tâche me paraissait impossible. Alors Stefan m'a encouragé en disant :

-« N'oublie pas, vise l'impossible. ».

Il me tapota l'épaule et quitta la pièce. Je suis resté immobile, essayant de trouver un moyen d'accéder à cet ordinateur avec le moins de dégâts possible. Alors que j'envisageais la solution, la foule des chefs et de dignitaires parle à haute voix. En plus des gardes de sécurité qui surveillaient le lieu plus que des caméras de sécurité, chaque petite chose qui passait devant eux devra être observée. J'ai essayé de ne pas m'en soucier et j'ai traversé la foule jusqu'à l'ordinateur de projection. Pour ne pas me découvrir, je suis allé dans les coulisses, là où la censure est inexistante. J'ai pris des fils et des câbles électroniques pour jouer le rôle d'un préposé à l'entretien. Puis j'ai fait des pas lourds, et avant de sortir, j'ai scanné l'endroit, j'ai été prêt d'envisager n'importe quel problème. Alors que je regardais autour de moi, j'ai aperçu Stefan au premier étage dans le couloir jouant le même rôle que le mien. Après avoir installé une caméra de surveillance cachée, il m'a fait signe pour commencer. Puis je me suis tourné vers l'ordinateur, j'ai marché vers discrètement, ensuite je suis monté sur la scène où l'ordinateur était placé. Je n'ai pas tardé à poser mes mains sur l'ordinateur, à entrer dans les paramètres, et j'ai trouvé un réseau Wi-Fi sur lequel il était écrit : 'Adolf Hitler est mon chien', j'ai appuyé dessus rapidement. Au moment où j'attendais la fin du processus de communication, un des gardes m'a remarqué, alors qu'il changeait de direction vers moi, il marchait lentement, mais il a accéléré ses pas après que je suis descendu de la scène. J'ai commencé à courir vers la porte. Je ne me suis pas arrêté jusqu'à ce que j'aie arrivé à la voiture, ensuite j'ai commencé à frapper à la porte arrière, une fois qu'ils ont ouvert la porte, j'ai rapidement sauté dedans. Tout le monde était concentré avec l'écran de l'ordinateur pendant que je comptais mes battements de mon cœur, c'était presque la fin.

Puis, la réunion a commencé. Paul qui contrôlait l'ordinateur déclara avec une voix basse :

-« Hackers. C'est l'heure du blasphème... ».

Sans hésitation, Paul a téléchargé le programme de piratage à distance, puis a préparé une vidéo en direct à afficher à l'intérieur de la conférence via l'écran d'affichage, et nous n'avons eu qu'à attendre que la conférence commence. Il ne nous a fallu que quelques minutes d'attente que le directeur de la conférence a fait signe aux techniciens de commencer la présentation. Nous étions à l'affût de tous les détails. Dès que l'écran d'affichage a été allumé, Paul a directement publié la vidéo, une vidéo qui ne contient que des mots laids, pleine de provocations contre les Russes, même à partir des dessins qui étaient très expressifs de la haine de ces trois salopards. Toute cette aventure pour visionner une vidéo enfantine. Les techniciens à cet instant ont été choqués, ils n'ont pas pu arrêter la diffusion de la vidéo, en plus ils n'ont eu aucun choix que de couper l'électricité. Comme chaque fait a des conséquences, tous ce qui suivait n'est qu'une peine de notre stupidité. Pendant que les secondes passèrent, nous aperçûmes des gardes de sécurité qui couraient le long de la route vers nous en portant leurs armes. Ils ont encerclé la voiture et ont commencé à frapper violemment les vitres, tantôt avec leurs armes, tantôt avec leurs mains. Nous étions paniqués et nous nous sommes concentrés sur la recherche des clés de la voiture. Max ne les trouvait pas sur le siège, ni dans ses poches, ni dans celles de Stefan ou de Paul. Mais heureusement, j'ai mis ma main dans ma poche, j'ai sorti les clés et je les ai tendues à Max. Ce dernier n'a pas hésité une seconde à démarrer la voiture, enfin nous avons miraculeusement quitté le lieu en vie. Notre stupide aventure a été au bout de déclencher des conséquences désastreuses.

Squad C.L.A.Y

C'était notre premier travail ensemble, la naissance de quelque chose de vraiment grand, et j'en faisais partie.

***

-« Comment puis-je savoir ce que tu disais était vrai? Pas de conflit d'imagination. ». La présidente m'a interrompu. J'ai ignoré ce qu'elle m'a dit, puis j'ai commencé d'appliquer l'ingénierie sociale :

- « 6212-73-04-17 ».

La présidente a été surprise par mes paroles, en effet des signes d'étonnement ont commencé à apparaître sur son visage, alors elle m'a demandé :

- « Qu'est-ce que vous avez dit ? ».

J'ai l'informé calmement :

- « Votre numéro d'assurance. Vous êtes né à New York, vous avez étudié en Allemagne, et vous avez obtenu le diplôme comme meilleur étudiant de l'année. Maintenant, vous êtes enquêteur au Centre européen de la cybercriminalité à La-Haye. Vous avez deux comptes bancaires, l'un chez Danske-Bank, l'autre dans la Banque des Pays-Bas. Pendant la période d'études, vous avez eu un problème, et depuis, vous ne pouvez plus avoir d'enfants à cause d'une maladie utérine. Vos camarades de classe vous considèrent comme froide, sans sentiment, je vous considère comme solitaire ».

Elle n'a pas trouvé de mot pour me répondre, elle était dans un état de panique, mais elle a essayé de ne pas montrer sa réaction, alors elle m'a indiqué de la main de terminer mon discours.

***

Nous avions besoin d'un endroit pour pirater, et la maison de ma grand-mère était parfaite. Il y a quelques mois, nous avons formé une équipe à quatre, une équipe de hackers du dark web. A cette époque, nous sommes devenus très célèbres, ce qui a fait de nous l'une des équipes les plus solides dans le domaine du hacking.

- « 100 millions de vues ». Max répliqua avec une grande joie.

Cette phrase a été suffisante de changer l'atmosphère du lieu, après Max a continué en disant :

- « Nous avons besoin d'un nom, nous devons faire notre logo, nous allons être célèbres ».

Je n'étais pas d'accord avec son idée, alors je me suis opposé à ses propos en disant :

- « Tout ce que la célébrité apporte n'est que des résultats négatifs ».

Personne n'a tenu compte de mes paroles. Pendant que les autres étaient occupés avec leurs ordinateurs, Max a tenu bon, puis a commencé à parler comme un leader magistral :

- « Nous avons besoin d'un logo superbe, d'un thème effrayant, attrayant, mystérieux, comme Anonymous ou Lizard, nous devons être comme..., comme... ».

Ses mots m'ont motivé, à ce moment-là, je savais ce qu'il voulait dire, alors j'ai voulu prononcer le mot "M. X", mais dès que je l'ai prononcé, le mot est sorti en synchronisation avec l'énoncé de Max, à cette instant, un regard d'étonnement était échangé entre nous. Pendant ce temps, Stefan nous a interrompus avec un ricanement :

- « Est-ce que tout le monde est devenu fou ici ? ».

Les mots de Stefan n'ont pas changé l'attention de Max, car ce dernier était perdu dans ses pensées. Soudain, Max a eu une idée, et s'il avait une idée, rien ne pouvait l'arrêter. Il a décidé d'enregistrer une émission vidéo, dans laquelle il donnera un petit aperçu de notre équipe. Max a enfilé un masque de clown, Paul a pris la caméra, tandis que Stefan et moi sommes restés pour regarder. Après que Paul ait terminé le compte à rebours, Max a alors commencé à jouer, en pointant sa main :

- "Ce petit clown est gros et joyeux. (En montrant le pouce) Ce petit clown a un chapeau rouge. (EN montrant l'annulaire) Ce clown est fort et grand. (En montrant l'index) Alors que ce clown est faible et court. (En montrant le petit doigt). Quant à celui-ci (En montrant celui du milieu), c'est lui qui fait le gros tour ».

À ce moment-là, l'humeur de Paul a changé, alors qu'il interrompait le tournage et commençait à parler nerveusement :

- « Je ne continuerai pas ces bêtises avec toi ».

- « C'est une surprise, mon ami ». Stefan, en essayant de convaincre Paul afin de rester.

- « Il n'y aura certainement pas de problème ». Paul termina son discours en disant : « Je suis la politique électorale ».

- « Eh bien, celui qui est avec l'idée lève sa main ». Max annonça en levant d'abord la main, puis se tournant vers nous pour demander de l'aide. Heureusement pour lui, Stefan a levé la main, et tout le monde me regardait, en se demandant si j'étais avec Max ou Paul. Inconsciemment, j'ai levé la main pour soutenir Max.

- « Le pouvoir est pour la majorité ». Max en informant Paul qui a accepté à la fin. « Nous avons encore besoin d'un nom ».

- « Et Clay ? Comme chez les clowns se moquent de vous. Je voulais dire: ***C**lowns are **L**aughing **A**t **Y**ou*. Parce que tout ici est une question de plaisir, plus le masque ».

Mes mots ont troublé leurs esprits, ce qui les poussait de prendre quelques minutes pour accepter le nom, puis Max a rompu le silence en disant :

- « Nomination à quatre voix pour 'Clay' ». Puis il a tendu la main. A l'instant, j'ai posé ma main sur la sienne en signe d'accord, et Stefan m'a immédiatement rejoint. Cependant, Paul hésitait, mais, après un moment de réflexion, il accepta de nous joindre en mettant sa main sur la nôtre. Puis nous avons tous crié : 'Clay !'

Glitch

La prochaine étape de Clay était d'offrir un petit hommage au monde financier. Nous avons enfilé nos masques, saisi notre équipement et nous sommes dirigés vers le toit de l'une des bourses de la ville, où se situe la carte du système d'exploitation des données de la banque. Dès notre arrivée, Max nous a fait signe de commencer pendant qu'il s'en chargeait de faire la garde. Quelques heures ont été suffisantes pour le programme avec lequel nous avons pu pirater une succursale de la Bourse de New York.

Nous commencions d'apprécier notre métier, donc notre prochaine cible était la UPC (L'union Pharma Commercial). Nous nous sommes dirigés vers son centre la nuit. Nous avons sorti notre équipement comme d'habitude, et grâce à une technologie de dénouement des services, nous avons pu contrôler l'électricité de l'entreprise. Dès que nous avons coupé l'électricité à cette compagnie, son système est resté une proie facile entre nos mains, et nous avons sauté dessus.

Max avait raison alors, plus vous êtes audacieux, plus vous réussissez. Nous avons piraté tout ce qui nous tombait sous la main. Le Ritalin nous a tenus éveillés, nous n'avons pris personne ni aucune organisation au sérieux. Nous sommes devenus plus célèbres sous le nom de Clay, car nous étions mentionnés sur tous les sites Internet, et sur tous les sites de communication, même sur les journaux, puisqu'ils nous attribuaient un espace spécial. Ce qui nous a fait développer notre business, car nous n'étions pas limités à la pénétration, mais nous surveillions tout. Nous sommes devenus très populaires, passant de pirates à superstars. Tout le monde essayait de nous connaître, et de découvrir ce que cachent nos masques. Notre renommée et notre travail nous ont fourni d'énormes sommes d'argent pour subvenir à nos besoins, que ce soit collectivement ou individuellement. Et tout cela dans le but de rejoindre les rangs de Monsieur X, ou du moins de l'impressionner.

Un jour, Max et moi allons faire des courses à l'épicerie. L'atmosphère était normale, jusqu'à ce que Paulina apparaisse avec son amie. J'ai essayé de me cacher pour qu'elle ne me découvrira pas. Mais Max a réalisé ma pensée, alors il l'a appelée par son nom à haute voix, puis il s'est caché en me laissant dans une confrontation avec elle. J'ai essayé d'échapper en luis suivant alors qu'il refusa et me poussa vers elle.

- « Allan ? ».

- « Bonjour ». Répondis-je d'un ton froid.

- « Que faites-vous ici ».

Perplexe, j'ai répondu :

- « Moi ?... non... rien ».

Je me sens nerveux, je n'avais jamais osé de m'adresser à elle auparavant, même à Max qui se cachait, il s'ennuyait de ma façon par laquelle je parlais. Mais elle a répondu :

-« Je suis ici avec ma copine. Je suis venu acheter de la nourriture pour mon chat ».

Pendant ce temps, son amie l'a appelée de loin, mais avant qu'elle ne parte, elle m'a dit :

- « Il faut arrêter de se rencontrer en cachette, et nous devons changer nos excuses ».

Je n'ai pas compris un mot de ce qu'elle a dit, même cela, je lui ai fait un signe de la main pour lui dire au revoir, puis je me suis retourné pour rejoindre Max. Dès que je suis parti, Max a bondi de sa cachette en m'adressant désespérément :

- « Tu es vraiment un perdant ».

-« Pour toi, c'est très facile. Tu... tu es différent. Les gens t'écoutent. Tu es une personne merveilleuse ». Je lui ai répondu en justifiant mes actions, mais il s'en fichait, et m'a répondu sarcastiquement :

-« Peut-être tu as raison. Regarde et apprend ».

A peine qu'finit de parler, il se tourna vers Paulina et son compagnon, et se mit à leur parler couramment, tandis que les deux filles ne refusaient pas sa parole, au contraire, elles s'adressaient à lui comme s'il était leur un ancien ami. A ce moment, Stefan passa à côté de moi, entrevit Max et les deux filles, s'approcha de moi puis me murmura :

- « Quand la vie te donne des citrons, demande du sel ou de la tequila ».

Satisfaire est difficile

Max bougeait, mais son humeur pouvait changer en quelques instants. Pendant des semaines, il avait attendu avec impatience la réaction de M. X concernant Clay, il voulait qu'il soit apprécié, mais sa réponse fut :

****

/ Si tu veux devenir un grand joueur, il faut avoir du courage. ″ Il a repris son discours sur Clay en disant: ″Clay qui ?″/

****

À partir de ce moment-là, Max est devenu nerveux, tout ce qu'il disait n'était que : « Nous sommes des perdants ». Ce qui précède était la preuve que Monsieur X ne se souciait pas de nos réalisations, car il y avait beaucoup de joueurs compétitifs, et nous, pour lui, étions les plus faibles parmi eux. Une nouvelle escouade de hackers plus puissante est apparue, appelée « Friends ». Ils ont été accusés de plusieurs crimes, dont l'attaque des données de l'armée allemande. Ensuite, le chef du renseignement Hani Lindbergh entre dans le jeu, et sa seule mission est de retrouver la bande de Friends.

Pendant que Hani court après Friends, Max essaie d'apaiser la déception de M. X. Lui et Stefan ont emprunté un jeu à Paul et ont joué à son aide sur la chaîne de quiz radio. Ce programme leur a permis de couper toutes les lignes téléphoniques sauf une pour faire passer l'appel entrant via Max :

- « Bonjour ». Max parle au téléphone. « Je m'appelle Allan Hernandez, la réponse est Ottmar Hitzfeld ».

Un plan qui a été suffisant à leur faire gagner beaucoup d'argent qui leur a permis d'acheter une luxueuse Porsche. L'étonnement était sur nos visages quand nous avons vu Max à l'intérieur :

- « Voulez-vous un tour ? » Max a annoncé.

Stefan et moi avons immédiatement sauté dans la voiture, tandis que Paul est resté inébranlable, l'air pour lui était insatisfait :

- « Vous êtes fou ». Paul a crié à Max. « Qu'est-ce que cela a à voir avec Clay ? À quoi sert voler une Porsche ? ».

- « Ce n'est pas comme ça ». Stefan interrompit les paroles de Paul. « Ce n'est pas Renault ».

Paul ne se souciait pas de ce que Stefan disait, alors qu'il attendait une réponse de Max. Ce dernier répliqua en disant :

- « Les champions ont besoin d'une super car. En plus, elle n'a pas été volée, nous l'avons gagnée ».

Paul qui était tellement têtu, a finalement accepté de nous rejoindre. Cette nuit était excitante, pleine de folie.

- « Tu peux être qui tu veux être ». Max s'est adressé à pendant qu'il était ivre. « Sois prudent, tu russiseras tout ».

Ensuite, il s'est approché de moi et m'a attrapé par le col devant Paul et Stefan, j'ai essayé de s'échapper, mais Max, même s'il était ivre, avait une prise forte.

- « Comme Alan, il a un énorme potentiel, mais il ne l'utilise pas. Il se cache derrière les autres. Il n'ouvre pas la bouche. Si vous voulez enterrer votre talent, vous n'obtenez rien. La plupart des gens suivent simplement les règles. Les règles sont faites pour être enfreintes ».

Je ne pouvais pas rester suspendu, alors j'ai dû pousser Max si fort que j'ai pu fuir de sa prise alors qu'il est tombé directement sur le sol, à ce moment, je ai sorti rapidement, tandis qu'il revenait boire.

Max avait raison. Au final, j'ai dû changer quelque chose. J'ai pris la voiture Porsche et je suis allé vers une boîte de nuit, où Paulina était avec ses amis. Quelques minutes passèrent jusqu'à ce qu'elle apparaisse devant la porte du club. Je lui fis signe de la main et elle me rejoignit rapidement. Après être montée dans la voiture à côté de moi, elle a commencé à parler en disant :

- « J'ai réussi l'examen ».

-« Bien ». Répondis-je nerveusement. « Que feras-tu maintenant ? ».

- « Tu sais comment j'ai fait ? » me demanda-t-elle avec étonnement. Je lui ai répondu par non en bougeant la tête de gauche à droite, puis elle a ajouté en disant : « Sans le vouloir, j'ai répondu aux questions par de mauvaises réponses ». Puis je lui ai demandé la cause, alors elle a répliqué en disant : "Il y a beaucoup d'opportunités à l'extérieur. Je pensais que je ne pourrais pas réussir l'examen, comme si les portes étaient fermées pour toujours, mais maintenant j'ai décidé ».

Alors qu'elle examinait encore la voiture, elle me demanda avec étonnement :

- « Pourquoi conduis-tu une Porsche ? ».

Je ne pouvais pas dire la vérité, alors j'ai inventé en prononçant :

- « Je suis le meilleur employé du mois ». Soudain, Paulina s'est effondrée de rire, et après être revenue au silence, j'ai ajouté : « Je suis aussi un super-héros, et c'est ma super voiture ».

Mes derniers mots lui rappelèrent notre rencontre précédente, elle ajouta d'une voix basse : "Oui, probablement."

Pendant ce temps, j'étais proche de Paulina, et en même temps, les mots de Max ont commencé à résonner dans mon esprit : 'Crois en toi'. Je sentais que c'était le bon moment, et je devais le saisir, je devais essayer, comme Max. En un instant, je me suis approché d'elle pour l'embrasser, mais elle s'est reculée en exprimant son refus. Zut ! C'était embarrassant. Je n'ai pas réalisé la stupidité de ce que j'ai fait, ni ce que j'en avais atteint, et je ne savais pas quoi faire. J'étais tellement idiot. Je ne pouvais jamais être comme Max.

- « Ca sera mieux de partir ». Elle s'adressa à moi d'un ton mécontent, sortit de la voiture et retourna au club.

Zut ! Tout ce que je peux faire maintenant n'est que de me blâmer. Je n'ai pas pu retenir ma colère. Je suis sorti de la voiture et j'ai commencé à frapper les roues d'une aveugle violence. Soudain, Carl émergea de l'obscurité :

- « Regardez qui est ici. Le garçon de livraison ». Dès qu'il a prononcé cette phrase, il s'est effondré sur moi en me frappant. Il ne me laissa aucune chance pour m'échapper, et je n'ai pas pu lui rendre les coups. Je suis tombé au sol alors qu'il continuait à me donner des coups de pied. Quand il a fini, il s'est approché de moi et me murmura : « Éloignez-vous de Paulina ». Puis il a quitté le lieu, en me laissant allongé sur le sol.

Rien n'a changé.

Nous lui prouverons qui nous y sommes.

A l'attaque.

Le lendemain, je suis retourné chez ma grand-mère où est basé notre centre.

- « Est-ce que tout va bien ? ». Stefan a demandé après avoir entrevu les marques de poinçon sur mon visage. Je ne voulais pas lui en parler, alors je lui ai répondu avec un soupir : « S'il te plaît, ne demande pas ».

- « M. X a envoyé un message ». Max s'exclama soudain après une longue attente. « Ça doit être important ».

Pendant ce temps, M. X a envoyé un message, mais ce n'était pas ce que Max attendait, et ce n'était pas du tout à propos de Clay, pourtant...

***

/ J'ai un cadeau pour vous.

***

Il s'agissait plutôt d'un message chiffré, par lequel M. X nous envoyait les documents de l'enquête secrète européenne sur la cybercriminalité. Cependant, nous avons trouvé un passage sur Clay : 'Le groupe met des intérêts en jeu, ce sont de gros joueurs'.

Quant au cadeau, c'était une chose, à travers laquelle Monsieur X voulait nous faire comprendre que Clay n'était rien d'autre qu'un groupe d'enfants. Nous sommes devenus la risée des autres hackers. Max a alors perdu son sang-froid, il a frappé durement l'ordinateur, puis a crié :

- « Nous allons lui prouver qui nous sommes capables. Attaquons maintenant ».

- « On peut pirater une banque ». Stéphane a suggéré.

- « Ou saisir l'argent d'une énorme entreprise ». Paul a ajouté.

- « Connerie ! ». Max a interrompu leur conversation, puis nous a pointés du doigt en disant : « Nous devons pirater quelque chose de gros, quelque chose qui peut atteindre le sommet de l'Olympe ».

Pendant que tout le monde discutait, je pensais silencieusement à un objectif impossible. Le 'BND'. Dès que j'ai prononcé ces mots, tout le monde s'est tourné vers moi, puis j'ai complété mon explication : « L'Agence fédérale allemande de renseignement. Le reste n'a pas compris ce que je disais, et puis j'ai ajouté à ce qui précède : « La classe présidentielle ? ».

- « Renseignement allemand ? » Paul a répliqué.

- « Impénétrable ». Stéphane a répondu.

Il m'a semblé qu'ils avaient peur, alors je les ai assurés de la justesse de mon plan en utilisant le dicton de MX : « Aucun système n'est à l'abri de nous ». Immédiatement, le visage de Max a changé, il semblait être d'accord. Puis il a crié : « Visons l'impossible ». Il a suivi ses paroles avec un rire hystérique, puis tout le monde a accepté d'y participer.

BND était l'activité la plus complexe pour nous. Et pour atteindre notre objectif, nous avions besoin d'un appât qui nous mènerait au centre de renseignement. Pour ce faire, nous nous sommes déguisés en vêtement des nettoyeurs et nous avons suivi le camion de poubelle qui quitta les locaux du centre, jusqu'à ce que nous atteignions l'endroit où les fichiers indésirables étaient brûlés. Nous sommes entrés discrètement, puis nous avons commencé à chercher toute preuve qui nous permettrait d'entrer sans problème. Heureusement pour nous, Max a trouvé une carte sur laquelle étaient écrites toutes les informations d'une des secrétaires employées au centre.

Après notre retour à notre base à la maison de ma grand-mère, nous avons commencé à mettre en place une fenêtre électronique pour cette secrétaire afin qu'elle clique sur l'adresse électronique, ce qui nous permettrait d'accéder aux données du centre. Avec le bon appât, vous pouvez attraper tous les poissons. Par inadvertance, cette femme nous a sécurisé l'entrée. Cependant, malgré leur système, nous ne pouvions toujours pas accéder au serveur principal. Mais cette femme était le prix ultime, car c'était elle qui s'occupait de la billetterie et de la distribution des billets d'entrée au BND. Cette mission a été le plus grand braquage de l'histoire. Beaucoup ont déjà essayé de pirater BND, mais vous ne pouvez pas le faire simplement en vous cachant derrière un ordinateur. Ce qui nous a incités à visiter le centre nous-mêmes.

Il était une tarde nuit. Nous avons mis les masques de Clay, saisi notre équipement et nous sommes entrés dans le centre qui semblait presque vide. Après être dedans, nous nous sommes divisés selon le plan ; Stefan était chargé des caméras de sécurité, Paul devait couper l'alimentation au moment requis, tandis que Max devait me sécuriser le mot de passe pour accéder à la salle du serveur principale.

L'opération a réussi, et chacun de nous s'est engagé dans son rôle, puis nous nous sommes retrouvés devant la porte du centre, mais j'arrivais en retard :

- « Où est Allan ? ». Max demanda à Stefan et Paul qui répandirent tous les deux par non. Quelques instants plus tard, je suis arrivé en courant, et Max m'a demandé pourquoi j'étais en retard, tandis que je courais vers la porte, en leur faisant signe de se dépêcher.

Sommes-nous une équipe ?

Et en récompense de nos efforts, nous avons assisté à une folle soirée nocturne, là où n'était que de la drogue, alcool, danse et folie. Par hasard, j'ai rencontré Paulina, qui était avec Carl. Je me fichais de la présence de Carl tant que mes gars étaient à mes côtés, je me concentrais uniquement sur Paulina. Cette nuit était exceptionnelle.

Trop d'alcool et de drogues m'ont fait perdre ma sobriété, et j'ai commencé à me sentir étourdi et déséquilibré, alors j'ai décidé de sortir pour respirer de l'air. En chemin, j'ai trouvé Max, ivrogné, avec Paulina dans une position qui a enflammé ma colère. J'étais rouge de colère. Je me suis immédiatement retourné et j'ai quitté l'endroit pour rentrer chez moi, et j'ai verrouillé la porte.

- « Allan, laisse nous entrer ». cria Max dehors.

- « Laissez-moi tranquille ». Je leur ai répondu plein de haine.

- « N'agis pas comme un petit enfant ». Ali répondit sarcastiquement. « Tu n'es rien sans nous ». Je me fichais de ce qu'il disait, mais après quelques instants, il y eut un silence, sans aucune doute ils sont partis.

Ils pensent que je ne suis rien, je ne suis rien sans eux. Je dois leur prouver le contraire. À l'insu des autres, j'ai volé des données confidentielles de BND lors de la dernière mission. J'ai téléchargé les données et les ai envoyées sans hésitation à M.X.

***

/J'ai un cadeau pour toi.

***

Mais chaque action avait des conséquences.

Le lendemain, je me suis réveillé tard, et dès que j'ai ouvert mes yeux, j'ai trouvé les trois fous debout devant moi :

- « Bonjour !». Stefan chuchota avec un sourire narquois.

J'ai été choqué quand je les ai vus. J'ai bondi et j'ai essayé de les chasser de la maison. Mais ils ont refusé de sortir.

- « Qu'est-ce que tu fais ? Tu as besoin de nous ». Max parlait d'un ton rebelle.

Je n'ai pas pu me contrôler quand il a prononcé sa phrase, alors j'ai explosé mes mots sur son visage en disant :

-« Quoi ? J'ai besoin de vous ? C'est peut-être vous qui ont besoin de moi. Sais-tu quoi, vous n'êtes qu'une bande de coquins. Tu ne sais que tromper les gens ».

Ces mots que j'ai prononcés ont déclenché une guerre entre moi et Max, car ce dernier n'a pas hésité à me donner un coup de poing puissant au visage, ce qui m'a fait perdre l'équilibre et je suis tombé au sol. Je ne voulais pas rester au sol, alors je me suis tenu debout en tenant ma mâchoire à cause de la douleur, puis je me suis jeté sur Max jusqu'à ce que je le laisse tomber au sol, et on a commencé à échanger des coups de poing, même s'il est tombé au sol, son poing a suffi de faire saigner mon visage. Immédiatement après cela, Stefan a tenté de rompre la querelle, tandis que Paul était occupé à regarder la télévision. Soudain, Paul a crié si fort que nous avons arrêté la bataille :

- « Arrêtez cela, écoutez, c'est importants ». Tout le monde alors s'est tourné vers la télé :

'Ce matin, le corps d'un pirate qui adopte un pseudonyme Krypton a été retrouvé. Sa mort est liée à l'attaque de Clay contre les données du renseignement allemand la nuit dernière, qui est probablement la plus grande attaque à laquelle le renseignement ait été confronté dans l'histoire. En plus de son cadavre, des données volées au BND concernant le personnel d'infiltration ont également été retrouvées. Ce qui prouve que Krypton travaillait pour le BND. Krypton semble appartenir à un groupe d'amis, financé par le BND pour collecter des informations sur les pirates. Actuellement, le groupe de hackers "Clay" est la partie responsable de ce crime'.

L'impact de l'étonnement fut fort, alors que nous restâmes longtemps silencieux tout en échangeant des regards.

- « Tu étais le seul présent dans la salle du serveur principale ». Max m'a parlé d'une voix craintive.

- « Que faisais-tu là-bas ? ». Paul a demandé.

- « On s'est mis d'accord pour ne rien toucher là-bas, on pirate et on sort, pas de vol ». Max a crié à haute voix. Puis il m'a demandé dans un murmure : « As-tu volé les données ? ».

Je leur ai répondu d'une voix bégayante :

- « J'ai trouvé une partie cachée des services du serveur principal. J'ai piraté le mot de passe, puis j'ai obtenu la liste des employés. Je ne le pensais pas. Ensuite, j'ai tout envoyé à M X ».

- « T'es un fou ». Max répliqua en se tenant la tête.

Je lui ai répondu en justifiant ce que j'avais fait :

- « Je voulais te prouver que je ne suis pas inutile ».

Tout le monde savait ce que nous voulions, ce que M X voulait... A cet instant, on a reçu un message chiffré :

***

/ Vous devez conquérir Krypton.

***

Soudain, tout est devenu clair pour nous. M. X est celui qui a envoyé les données volées à la mafia russe :

- « M. X est un membre de Friends ». Stefan nous a dit. « Quand il a appris que Krypton avait travaillé pour le BND, il l'a tué ».

- « Maintenant, tout le monde pense que nous l'avons fait ». Paul a ajouté.

- « Tout cela est de ta cause ». Max a répondu en pointant son doigt vers moi.

Nous sommes devenus le centre de l'attention du monde. Nous sommes devenus des tueurs criminels. Tout le monde recherche l'équipe de Clay, que ce soit les gangs ou la police internationale. Nous ne savions pas quoi faire. Soudain, Stefan prit son sac et commença à rassembler ses affaires, puis Max l'arrêta en disant :

- « Qu'est-ce que tu fais ? Vers où ? ».

- « Pour chercher du plaisir ». Répondit Stefan en rassemblant ses affaires. « Cela n'est plus amusant. Krypton a été tué ! Max, il a été tué ! Nous sommes les suspects ».

- « Ne vous inquiétez pas ». Max répondit en me pointant du doigt à nouveau. « Allan va se rendre à la police et leur dire qu'il a construit Clay tout seul ».

- « Tu voudrais sacrifier l'un de nous ?», demanda Paul.

- « Tu as toujours voulu t'évader ». Max a répondu.

- « Je m'en fou ». Stefan tenant son sac. « Je me fiche de ce que vous faisiez ou de ce que vous allez faire ». Il se dirigea ensuite vers la porte en répliquant : « Je me retire ».

Pendant ce temps, il était sur le point de partir, alors je l'ai appelé :

-« Stefan, attends ! C'est de ma faute ». En essuyant le sang sur mon front. « Je dois trouver M. X ».

- « Et après ? », demanda Stefan en interrompant mes paroles.

- « Il ne s'agit pas de nous ». Je lui ai répondu sévèrement. « Il s'agit de M. X. Nous ne sommes pas la cible. Les amis sont le vrai objectif ».

- « Allan a raison ». Paul en confirmant mes paroles. « La fuite ne résoudra pas le problème. De nombreux signes pointent vers nous. Ce ne sera qu'une question de temps lorsque nous serons arrêtes ».

-« Nous leur donnerons M. X et Friends, puis nous nous enfuyons à nouveau ? » s'est demandé Max.

- « Exactement ». J'ai affirmé.

-« Quand je dis 'nous', tu es pas inclus ». Max m'a répondu méchamment.

Soudain, la cloche de la maison a sonné et nos cœurs commencèrent à trembler de peur. Max a sauté vers la fenêtre pour vérifier, mais il n'a rien vu. Ensuite, il s'est tourné vers moi en me faisant signe d'ouvrir la porte. Quand j'ai ouvert la porte, j'ai trouvé Paulina. Je lui ai demandé :

- « Qu'est-ce que veux-tu ? ».

-« Tu as soudainement disparu hier, je pensais... ».

- « Es-tu venu ici pour Max ? ».

-« Max ? Non ! ». S'inquiéta-t-elle.

Pendant ce temps, j'ai aperçu une voiture noire qui passe lentement dans la rue, ce pourrait être la mafia russe. J'informai Paulina en gardant mes yeux sur la voiture :

- « Tu devrais y aller maintenant ». J'essayai de fermer la porte, mais elle résista et la poussa fort :

- « Tu fabriques une bombe ou quoi ? ».

Alors que je vérifiais la rue, je n'étais pas concentré à ce qu'elle a dit. Puis je lui ai demandé si elle avait besoin d'autre chose. Elle répondit avec un soupir :

- « Qu'est ce qui se passe-t-il avec toi ? Tu es devenu un cinglé. Tu es vraiment bizarre ».

Ses paroles ont été suffisantes de changer mon humeur, alors je l'ai mal adressée :

-« Oui. C'est ce que tu veux ? Cinglé. Tu sais quoi ? J'aurais aimé ne jamais t'avoir rencontré ». Puis je lui fermai la porte au nez.

M.X : Cible suivante

Je devrais trouver M. X, en devenant l'appât. Nous avions peur d'utiliser le réseau électronique public, nous avons donc dû à nous rendre de nuit dans une entreprise pour utiliser son réseau privé, afin de communiquer avec M.X. Avec difficulté, il m'a donné accès à la chaine du dark web via un site web spécial, alors la conversation a commencé entre nous :

***

/ t'es qui ?

/ t'es qui ?

/ Nous voulons être membre du groupe d'amis.

/ Cela a bien fonctionné avec le BND. Voyons si vous pouvez le refaire.

Pendant ce temps, la police, accompagnée du présidente Hani, est arrivée à notre lieu.

/ Bienvenue dans le monde souterrain.

***

Immédiatement après avoir reçu le message, j'ai chargé les données sur une clé USB, puis mes amis et moi sommes enfuis rapidement, tandis que la police nous poursuivait. J'ai mis mon masque et j'ai couru dans la direction opposée. A ce moment, je suis tombé face à face contre Hani qui n'arrêtait pas de me suivre jusqu'à ce qu'elle a m'assiégé dans la salle des bureaux. J'ai dû me cacher sous une table. Elle était sur le point de me révéler, jusqu'à ce que :

- « Comme si la terre les avalait ». L'un des détectives annonça. « Allons par ici ».

Quelques minutes plus tard, ils ont tous les deux quitté le lieu, et je me suis allé sans attendre vers la porte de derrière où j'ai retrouvé mes amis, puis nous avons couru jusqu'à la maison.

****

- *« Qu'est-ce que M. X a demandé ? ». La présidente m'a demandé.*

- *« Il voulait que nous envoyions un cheval de Troie dans le système Europol. N'importe qui a accès aux données d'Europol, donc l'enquête peut être manipulée ».*

- *« Et quels étaient vos projets ? », demanda-t-elle en interrompant mes paroles.*

- *« Nous voulions savoir qui était M. X. Nous avions besoin des informations de sa part pour purifier notre nom. Nous voulions prouver à tout le monde qu'il l'avait fait, qu'il était derrière le meurtre de Krypton. Nous voulions sortir de la liste des personnes les plus recherchées, nous voulions juste rester hors de vue ».*

****

Pour accéder à l'ordinateur de M. X, nous avons dû creuser profondément. Stefan a nommé notre nouveau programme 'The Pregnant Horse' ; Des milliers des chevaux de Troie dans un cheval de Troie. Le deuxième serveur accédera à Europol en utilisant nos chevaux de Troie. Ainsi nous pourrons accéder à l'ordinateur, et le masque de Monsieur X tombera. Mais avant tout cela, il fallait éliminer toutes impuretés :

- « Je veux m'excuser ». Max m'a dit. « Pour les traces sur ton visage, et aussi pour Paulina ».

- « Tu savais combien elle comptait pour moi ». Je lui ai répondu sévèrement. « Mais tu t'en fichais ».

- « ...qu'est-ce que je peux dire ? Je suis un idiot ». Il répondit tristement. Mais je me fichais de ce qu'il disait. Alors il a ajouté : « Vous avez raison. Je suis un imposteur. Je ne peux pas faire la même chose que vous. Je ne suis qu'un script enfantin, je ne savais que copier et coller, rien de plus. Je ne sais même pas comment faire coder ou programmer ».

-« Tu penses que je ne sais pas ? », répondis-je à voix basse.

Afin de couvrir nos traces, nous avons tout brûlé, et on a brûlé la maison de ma grand-mère, puis nous avons quitté la ville. Nous étions en route pour La Haye, où se situe l'Europol. Nous devions entrer dans la fosse aux lions, et le chemin était long. Nous avons essayé plusieurs méthodes d'infiltration, mais en vain. Nos anciennes méthodes aussi (appâter) n'ont pas fonctionné. En fait, nous avons essayé de pénétrer dans l'endroit par les égouts, mais c'était fermé. On a pensé à casser les barreaux, alors Max s'est fait mal en se faisant un trou dans la main avec un tournevis. Nous avons dû abandonner, en admettant la difficulté d'entrer dans l'Europol. Tout était de ma faute, et c'était ma responsabilité. J'ai été entraîné dans ce problème, et je dois aussi m'en sortir.

Je me suis levé tôt, il était environ cinq heures du matin, tandis que les autres dormaient, je me suis vêtus de vêtements élégants, j'ai porté la carte d'entrée qu'un visiteur avait déposée près du centre, puis je me suis dirigé vers l'Europol. L'homme doit avoir confiance et courage. L'ingénierie sociale était ma seule arme. Puis j'ai décidé d'appliquer mes compétences sur l'un des portiers :

-« Excusez-moi. Je suis dans le groupe scolaire et j'ai oublié mon portefeuille à la cafétéria. Pouvez-vous me laisser entrer ? Je vais entrer et sortir tout de suite ».

- « Le lieu est fermé ». Le portier m'a répondu. « Retourne demain ».

- « J'ai perdu mon portefeuille avant ». Je lui ai montré l'impact des coups de poing sur mon visage. « Et mon père... je ne savais pas quoi faire ».

- « Pardon ! Je ne peux pas te laisser entrer ». Alors je l'ai supplié :

-« S'il te plait. Tu ne sauras jamais à quel point ça compte pour moi ». Mais ses réponses étaient négatives. Je me suis retourné dans une grande déception. Jusqu'à ce que le portier m'appela soudainement :

- « Toi. Viens ici ». Puis il a ouvert la porte et m'a escorté jusqu'à l'aile de la cafétéria. Les portes étaient verrouillées, chaque porte nécessitait une carte d'accès spéciale et le gardien était comme une clé pour moi. Après que nous ayons atteint l'endroit, il m'a dit : « Deux minutes ». Puis il est parti.

A ce moment, ma mission a commencé. J'ai d'abord vérifié l'endroit, il était vide et il n'y avait pas de caméras de sécurité. Puis j'ai sorti le talkie-walkie de Paul et je l'ai fixé sous une table. Cela m'a pris plus de deux minutes, ce qui a accru les soupçons du garde, il a donc dû m'examiner. Dès qu'il est arrivé, le travail a été fait et je suis sorti sans causer de problème.

Avec le box de Paul, j'ai pu accéder au réseau sans fil en redirigeant les seconds services identiques, cette méthode s'appelle 'Evil twin'. Si quelqu'un entre sur le Web, je pourrai accéder via l'ordinateur de la victime, et il me sera donc plus facile d'accéder au serveur.

M. X nous a donné la clé pour accéder à la chaîne Darknet où nous avons trouvé les instructions. J'avais juste besoin de présenter un cheval de Troie à M. X. Une fois qu'il atteint le serveur de protocole, son masque tombera.

Nous sommes égaux, tu m'as appris

***

/ Friends ?

J'étais sur le point de lui donner le virus, mais M. X était plus malin :

/ Oups... Vous n'auriez pas dû utiliser la clé. Maintenant, nous savons qui vous êtes... et où vous êtes...

***

Juste à ce moment-là, j'ai aperçu au loin deux hommes en costume noir, qui regardaient partout, comme s'ils cherchaient quelqu'un. Je n'ai trouvé d'autre solution que de m'échapper. J'ai continué à courir, alors que les deux hommes étaient juste derrière moi. Afin d'éviter d'être poursuivi, je me dirigeai vers le métro, puis me cachai sous les rails. Heureusement pour moi, la poursuite est terminée. M. X a gagné la partie et j'ai tout perdu.

Quand je suis retourné à l'appartement où se trouvaient mes amis, j'ai trouvé leurs corps étendus sur le sol. Max, Paul et Stefan sont tous tués.

Devant la présidente, j'ai sorti trois douilles de balles et je les ai placées devant elle. Puis je m'adressai à elle en disant :

- « Je veux redevenir Allan. Je veux être invisible ».

Hani n'a pas hésité à m'aider, elle a décroché son téléphone et a commencé à passer un appel. Après avoir terminé son appel, elle s'est tournée vers moi, et d'un regard mécontent et m'a questionné :

-« Que savez-vous d'autre sur moi ? Vous savez que j'ai été arrêté ». Puis elle a commenté sarcastiquement : « Vous voulez être à nouveau invisible ? Friends savent qui es-tu. Voulez-vous une nouvelle identité ? Voulez-vous un programme de protection des témoins ? Est-ce ce que ça ce que tu cherches ? ».

Alors je lui répondis hardiment :

-« Oui. En retour, je vous donne M. X et ses amis ».

- « Ce n'est pas si facile ». Elle m'a répondu par un refus.

- « La police fédérale réussira, la politique et les médias ». J'ai ajouté : « Et tu seras réhabilité ».

Au début, la présidente a semblé réticente, mais elle a finalement accepté l'offre. Ensuite, elle m'a demandé avec méfiance :

-« D'accord. Disons que je suis d'accord. Comment vas-tu arrêter M. X ? »

- « Par magie ».

Après qu'elle accepta ma proposition, je me suis mis au travail. Je me suis assis devant l'ordinateur, et la mission a commencé. Alors, j'ai ciblé les faiblesses de M. X qui résident dans sa valeur parmi les hackers, en brisant son image idéale, il deviendrait un simple bouffon. J'ai donc posté des fichiers secrets sur un serveur du dark web où résident des pirates du monde entier.

***

/M. X est un traître. Il a tué Krypton.

/ Je ne peux pas y croire.

/Insensé...

/Il fait partie du groupe Friends...

/ Il a envoyé des fichiers secrets...

*/ Ouvrez la porte, je suis Monsieur X. « Il s'est adressé à moi, dit-il.

/Pensez-vous que je suis votre membre?

*/t'es qui? Je suis Monsieur X. Je n'ai jamais travaillé pour le gouvernement.

/ Maintenant je sais qui tu es. Vous n'aviez pas besoin d'utiliser un marteau. Tu as relevé ta position. Tu m'as appris. Nous sommes maintenant à égalité...

***

Immédiatement, j'ai révélé l'emplacement de MX, et je l'ai présenté comme un plat d'or pour la présidente, qui s'est rapidement rendu avec la police d'Interpol pour l'arrêter. Je suis resté là pendant longtemps, en essayant de rester conscient, mais l'effet du Ritalin était fort. Soudain, la présidente ouvrit la porte, puis répliqua avec joie :

- « Nous avons réussi à l'attraper ».

Je lui demandai sans hésitation :

- « Quel est son vrai nom ? ».

Puis elle m'a répondu :

-« John Hernandez, 19 ans, de New York ». Elle m'a tapoté l'épaule, puis m'a dit avec gratitude : « Votre aide a été précieuse. Dans quelques heures, tu seras à nouveau libre ». Puis elle quitta la salle.

Le processus de la vérité

Bien que j'aie aidé le chef, elle ne semblait pas sûre de mon histoire. Ce qui l'a incitée à rechercher mon histoire, car je suis d'abord allé chez ma grand-mère, que j'ai prétendu avoir brûlée, alors qu'il était dans un corps sain. Elle entra dans la maison et commença à fouiller pièce par pièce. Après être arrivée dans ma chambre, elle a soigneusement vérifié l'endroit, surtout la poubelle où elle a trouvé une boîte de médicaments vide avec 'Ritalin' écrit dessus, ce qui a accru ses soupçons.

Immédiatement après cet examen, elle partit à la recherche de Paulina. Elle l'a trouvée avec Carl dans un café, elle s'est approchée d'eux puis s'est présentée en se référant à la carte Interpol :

-« Mme Paulina ? C'est Hani Lindbergh, d'Europol. Je veux vous poser quelques questions ».

- « D'accord ! », répondit-elle surprise.

-« Connaissez-vous Alan ? Hernandez ? Il dit que vous étiez à la même école que lui ».

- « Allan? Hernandez ? ». Elle a répondu d'un ton sarcastique et moqueur. « Parlez-vous de cet étranger ? Excusez-moi, mais pourquoi ? ».

La présidente répondit calmement :

-« Allan est maintenant sous la supervision de la police fédérale allemande. Il a dit qu'au cours des derniers mois, vous avez passé beaucoup de temps ensemble ».

- « Qu'est-ce qu'il a dit ? ». Répondit-elle sèchement. « Il est fou. Je ne rencontrerai jamais quelqu'un comme lui ». A peine elle avait fini ses paroles qu'elle partit.

Tout cela a été suffisant pour créer un brouillard autour de ses pensées. Elle est devenue confuse, elle ne pouvait pas distinguer si j'étais sincère ou non. Afin d'être à nouveau sûre, elle a rendu visite au médecin qui surveillait ma grand-mère, puis elle a entamé une discussion avec lui :

-« Connaissez-vous Allan ? Hernandez ? ».

Le médecin a répondu :

-« Oui, depuis qu'il était enfant. Je me suis occupé de sa mère ».

- « Que pouvez-vous me dire sur lui ? ».

-« Un solitaire ? Il n'y a rien d'étrange dans son histoire ».

La présidente a ajouté :

- « Sa mère s'est suicidée ? ».

-« Allan a grandi dans un environnement incertain. La mère souffrait d'un trouble de l'identité ».

- « La schizophrénie ? ».

-« Non. Personnalité multiple. Elle a plusieurs personnalités qui se reflètent. Sa vie dépendait de la drogue. Elle n'a pas pu le supporter à la fin ».

La présidente demanda suspicieusement :

-« La maladie s'est-elle transmise à son fils ? ».

Etonné, le médecin répondit :

- « Probablement ».

- « Quelle est la raison ? ».

- « Cela peut être dû à une tendance à d'autres substances, ou à certains médicaments. Il existe des médicaments qui causent ce problème ».

Sans s'en rendre compte, la présidente a sorti la boîte vide de Ritalin de sa poche, puis a ajouté à ses paroles :

- « Comme le Ritalin ? ».

- « Le Ritalin est l'un d'entre eux ».

Entendre cette réponse lui a causé un fort choc au cœur, elle a alors été distraite, ses expressions faciales ont changé. Elle s'est levée sous le choc, puis elle a marché par des pas lourds pour vérifier ma grand-mère, qui était hospitalisée. A côté du lit de ma grand-mère se trouvait la boîte contenant trois douilles de balles, ce qui confirmait ses soupçons. Ces couvertures de balles datent de la Seconde Guerre mondiale.

Une autre fois : Libre

Pendant ce temps, la présidente est retournée dans la salle d'interrogatoire, elle a fermé la porte avec force, elle est allée vers moi, a attrapé ma main qui avait une marque de piqûre, puis m'a demandé d'un ton sévère :

-« Quelle est cette marque sur ta main ? Que me disais-tu ? Qu'as-tu dit à propos de Paul et de sa mère ? ».

J'essayai de rester calme, puis lui répondis clairement :

-« Sa mère est décédée quand il était jeune. ».

-« Tu es un menteur ». Elle a crié si fort. « C'est toi. Évidemment. C'est toi Paul. »

-« Non. C'est Paul. Paul et les autres sont morts ». J'ai répliqué en essayant de cacher la vérité.

-« Les corps n'ont pas été retrouvés, pas une seule goutte de sang. Pas même l'hôtel. Qu'as-tu vu dans la chambre d'hôtel ? Rien de ce que tu as dit. Tu as tout inventé dans ton imagination. Vous êtes Max, Paul et Stephen. ».

Je n'ai pas accepté ce qu'elle a dit, alors je l'ai ajouté :

- « Je ne suis pas comme ma mère, je sais qui je suis. »

Ces mots m'ont fait me lever de ma place, je me suis senti perdu dans mes pensées. "Je ne suis pas comme ma mère".

-« Cela signifie que nous étions d'accord. » La présidente répéta. « Nous allons annuler le programme de protection des témoins. ».

Je n'ai pas accepté sa réponse, alors tous mes efforts seront vains. Puis je commençai à lui parler d'un ton sévère :

-« Non. Nous avions un accord. Je vous ai donné M. X et des amis, et j'obtiendrai le programme en retour. Tu l'as dit. ».

Bien que j'aie essayé de la convaincre, mais sa réponse a été :

-"Désolé. Je ne peux pas m'en empêcher."

-« Ils ont tué Krypton, ils ont tué mes camarades. J'ai trahi M. X, et maintenant ils vont me trouver. Tu comprends ? ».

Mais sa réponse était toujours "Désolée". Pendant ce temps, elle quitta la salle.

Plusieurs heures se sont écoulées, pendant lesquelles la présidente a été promue. Cependant, une expression de tristesse était encore visible sur son visage. Après cela, elle est allée dans le hall, a ouvert la porte, puis m'a dit :

-« Je leur ai demandé de vous traduire en justice. Allons-y. »

Quand j'ai entendu ses paroles, je me suis levé d'un grand désespoir, puis j'ai marché avec elle, hors du couloir, menotté. À chaque pas que je faisais, je pensais à ce qui allait se passer ensuite. Quand nous sommes montés dans l'ascenseur, j'ai décidé de tout lui avouer :

-« Désolé de te pirater. Je sais que ce n'est pas bon. ».

J'avais à peine fini mes paroles que la présidente a tourné nos pas vers une porte dérobée où se trouvait l'ordinateur serveur des témoins, puis m'a dit :

- « Le programme des Témoins est, en fait, un programme. ».

Puis elle a ouvert la porte et m'a fait signe d'entrer pendant qu'elle restait dehors pour regarder. Ensuite, j'ai terminé le processus rapidement en changeant mon identité, et nous avons quitté le lieu immédiatement par sa voiture.

Après que nous soyons arrivés près du port de la ville, Hani a arrêté la voiture puis je lui ai demandé :

- « Qu'est-ce que tu vas leur dire ? ».

- « Tu t'es enfui pendant le transport. ». Elle m'a répondu avec un large sourire.

- « Tu ne seras pas expulsée à nouveau ? ».

Elle prit un moment pour réfléchir, puis répondit :

-« Ils veulent M. X et ses amis. Tu n'es rien pour eux. Tu es invisible maintenant. ». Elle a changé d'expressions et a ensuite ajouté : « Mais promets-moi que tu arrêteras de pirater. ».

-« Je te promets ».

Puis je suis sorti de la voiture et je suis allé à l'endroit connu où Paulina, moi et mes compagnons avions convenu de nous rencontrer dans un port près de la ville. Alors que je montais sur le bateau, Paulina, Max, Paul et Stefan se montraient.

-« Cette femme vous a cru. ». Max répliqua. « Génie de l'ingénierie sociale ».

-« Même Europol ne sait plus qui es-tu ». Paul a ajouté.

-« Quel nom as-tu choisi ? ». Paulina m'a demandé.

-« Inconnu ». Stéphane a répondu.

Pas plus de piratage, pas plus de magie

Eh bien, qui suis-je ?...

Je m'appelle Alan, je suis un hacker, et c'est mon histoire. Le piratage c'est comme de la magie, ils trompent tous les deux les pauvres gens.

Revenons au point où M. X a gagné le jeu, où tout le monde savais qui suis-je. Dès mon retour à l'appartement, j'ai trouvé mes amis m'attendaient :

-« Où étais-tu ? ». Max a demandé.

-« Ils ont mon ordinateur. » J'ai répondu confus. « Ils savent déjà qui suis-je. Nous devons tous sortir d'ici. ».

-« Dites-nous ce qui s'est passé ? ». Demanda Max, surpris.

- « J'étais au bureau Europol de la police européenne ».

- « Comment es-tu entré ? » Paul questionna.

-« J'ai fait semblant d'être un étudiant. Cela n'a plus d'importance maintenant. Envoyer des données était un piège. Vous comprenez. Vous devriez vous enfuir immédiatement. ».

Au lieu que les trois s'enfuyaient, ils ont resté et personne n'a bougé. Puis j'ai criai :

-« Qu'est-ce que vous attendez ? ».

-« Tu es l'un parmi nous », répondit Paul. « Nous ne te laisserons pas seuls. ».

-« Et maintenant ? ». demanda Stéphane.

Pendant ce temps, Max s'est tourné vers son ordinateur et a continué à le regarder pendant un long moment, alors nous avons tourné autour de lui, puis il a pointé la photo de Hani en disant :

-« Aucun système n'est impénétrable. ».

Pourtant, nous avions besoin de Paulina alors nous l'avons appelée. Après son arrivée, nous avons commencé à chercher une solution plus adaptée :

-« Les personnes atteintes de maladie mentale sont exclues du programme de protection des témoins. » Paulina nous informa.

« Donne-elle des informations précieuses. ». Max m'a dit : « Cela fonctionnera si vous croyez en vous-même ».

-« Tu es capable ». Paul m'a tapoté sur l'épaule.

***

Tout s'est déroulé selon notre plan. Nous nous sommes engagés, nous avons percé et nous avons réussi.

-« Mais et si la présidente nous dénonçait ? ». Max a demandé.

"Ne t'inquiète pas. Elle a fait ce qu'elle voulait, et elle a obtenu ce qu'elle voulait. Pas plus de magie."

Printed by Books on Demand GmbH, Norderstedt / Germany